L'ALGÉRIE

DEVIENDRA-T-ELLE UNE COLONIE?

PARIS

IMPRIMERIE DE L. TINTERLIN ET Cᶜ

Rue Neuve-des-Bons-Enfants, 3.

L'ALGÉRIE

DEVIENDRA-T-ELLE UNE COLONIE?

PAR

PAUL VARIN

———※———

PARIS

E. DENTU, LIBRAIRE-ÉDITEUR

GALERIE D'ORLÉANS, 13, PALAIS-ROYAL

—

1861

L'ALGÉRIE

DEVIENDRA-T-ELLE UNE COLONIE?

Mars 1861.

I

Lorsqu'on réfléchit sur les événements qui se sont accomplis depuis quelques années, et à ceux que réserve un avenir prochain; — que l'on voit la Péninsule italique affranchie; que l'on entend le râle de l'Empire ottoman, et à l'isthme de Suez les coups de pioche qui ouvrent aux destinées modernes le grand chemin de l'Asie, l'on est frappé du rôle immense que la Méditerranée, par un merveilleux retour de fortune, est appelée à jouer de nouveau après avoir été le théâtre des plus grands faits historiques de l'antiquité. Et c'est avec un juste sentiment de satisfaction et d'orgueil que l'on considère les deux cent cinquante lieues de côtes que la France occupe sur cette mer, centre commun où se rencontrera bientôt le commerce du monde entier.

II

Conçue, moins dans un but d'établissement durable que pour obtenir la réparation d'un outrage, l'expédition qui nous valut la conquête de l'Algérie fut à son début fatalement abandonnée à elle-même.

Le gouvernement à qui revenait l'honneur de préciser les conséquences d'un succès qu'il n'avait pas préparé, absorbé par les soins d'une installation pénible, inquiet sur le maintien de la paix en Europe, n'osa pas se prononcer ; et notre expédition victorieuse laissée, faute de décision, sans esprit de conduite, prit alors l'apparence d'une aventure prolongée.

Confiée à des généraux braves et habiles, mais dont la capacité politique s'est trouvée ou paralysée ou insuffisante pour suppléer à l'absence d'un système arrêté, oscillant au va-et-vient d'une volonté gouvernementale indécise, l'Algérie a été, pour ainsi dire, imposée à la France par la grandeur des sacrifices accomplis et par la valeur de ses armées forcées de conquérir pour conserver, et engageant ainsi ses destinées comme malgré elle.

Il y a loin, on le voit, de notre possession africaine, issue d'un incident purement militaire, à une colonie née de l'essor du commerce et s'épanouissant facilement sous la puissante tutelle de l'intérêt particulier.

Aussi, privée du concours de ces deux éléments générateurs, le commerce et l'intérêt particulier, notre conquête, dont aucun plan mûrement étudié et rigoureusement suivi n'aida à modifier le rude principe, est restée, jusqu'à présent, une œuvre plutôt brillante que solide, bien loin d'être achevée encore, malgré de nombreux millions dépensés et trente années de luttes heureuses.

Car, si l'on descend des aperçus de la politique et de la guerre à des considérations d'un ordre moins élevé, et que l'on réduise le travail accompli en Afrique jusqu'à ce jour aux proportions d'une question de grand-livre, l'on est effrayé de la différence qui existe entre la recette et la dépense, et de la pauvreté des résultats matériels et moraux obtenus, par rapport à l'immensité des avances et des efforts qu'elle a coûtés.

Quoique maîtres, aujourd'hui, sans contestation apparente, d'un vaste territoire dont la fertilité si vantée autrefois n'est pas un mensonge, l'on est encore fondé, cependant, à se demander : Si la France est destinée à ressusciter en Afrique les merveilles de la civilisation antique; si le sol africain sous sa domination se couvrira jamais de riches moissons ; si, enfin, les côtes d'Afrique, si rapprochées d'elle par la vapeur, auront le pouvoir d'occuper le trop-plein de son activité, et, comme aux siècles des Césars, d'attirer vers elle ses richesses pour les lui restituer ensuite au centuple.

Prétendre que l'Algérie n'ait pas encore de résultats sérieux à présenter, ce serait tomber dans une exagération aussi grande que de trouver dans leur importance actuelle une réponse satisfaisante au doute qui pèse sur son avenir.

Sans donc méconnaître ces résultats, il est permis de les considérer comme trop inférieurs aux sacrifices auxquels on les doit et qu'ils nécessitent tous les jours, pour lui mériter le titre de colonie plutôt que celui d'occupation militaire.

Il y aurait lieu d'espérer du temps l'amélioration croissante de l'Algérie, si les efforts persévérants que l'on fait pour y attirer le capital et l'activité privés, qui seuls peuvent la transformer, ne témoignaient malheureusement par leur inefficacité persistante, d'une situation dont l'éclat ne suffit pas à déguiser la faiblesse, et à détruire les nombreuses et profondes préventions que cette faiblesse inspire.

Que l'on choisisse parmi ces préventions, par exemple, celle qu'entretient la présence d'une nombreuse armée en Afrique, et l'on trouvera sous son exagération peut-être, une sûreté de logique difficile à détruire, parce qu'elle repose sur ce raisonnement bien simple :

Si la présence d'une grande force militaire est nécessaire en Afrique, c'est que l'Afrique n'est pas aussi complétement soumise qu'on le proclame et qu'elle renferme toujours une menace ; par conséquent, la sécurité qu'on y trouve est dépendante de cette force, et comme cette force peut être diminuée d'un moment à l'autre, en raison d'événements majeurs, alors cette sécurité n'est que transitoire et reste sans lendemain assuré.

On conçoit qu'un tel raisonnement est peu fait pour inspirer une confiance sans réserve, tant au capital qu'aux travailleurs sérieux, redoutant les éventualités d'un avenir qui les laisse exposés à perdre dans un seul jour les fruits d'un labeur de plusieurs années.

S'ensuit-il de ce raisonnement qu'il faille envisager l'importance de l'armée qui protége l'Algérie, comme un empêchement direct au progrès de la colonisation, et croire que sa réduction les faciliterait; non, sans doute ; car cette armée n'est que la conséquence et nullement la cause d'une situation incertaine et précaire ; elle la révèle, mais elle ne l'explique pas.

Où trouver cette explication ?

Est-ce dans la force des choses qui opposerait en Afrique un invincible obstacle aux développements de la colonisation ?

Est-ce plutôt dans l'erreur de direction que l'on aurait commise au début, pour avoir ignoré ou méconnu les vrais principes de la colonisation, et qui, dès lors, rendrait vaines toutes les tentatives, parce qu'elles se succèdent avec un faux point de départ dans une mauvaise voie ?

Si c'était dans l'impossibilité même de l'œuvre que l'on dût trouver cette explication, il faudrait immédiatement renoncer à la prétention de faire de l'Algérie une colonie féconde et rémunératrice; et loin de travailler à l'étendre pour en tirer d'insignifiants produits, la resserrer, au contraire, dans un sens tout militaire, et employer exclusivement les millions qu'on y répand en essais désormais illusoires, à créer sur ses côtes de solides abris à nos flottes et à nos armées, afin de rendre à tout jamais inexpugnable la grande position qu'elle donne à la France sur la Méditerranée.

Une semblable détermination aurait le mérite de la netteté,

En mettant la forme en harmonie avec le fond de la situation, elle marquerait la fin des sacrifices inutiles, qui sont toujours une faute.

III

Mais, heureusement pour la France, l'Algérie n'est pas faite pour un rôle aussi restreint.

La possibilité d'y concilier un jour nos intérêts politiques et militaires avec nos intérêts commerciaux et économiques, de trouver dans le développement de ces derniers une facilité pour agrandir et fortifier ceux-ci ; en un mot, de transformer une occupation coûteuse en une propriété de rapport, cette possibilité existe.

Car l'histoire de son passé nous prouve que rien chez elle ne condamne à l'avance la colonisation comme une œuvre irréalisable.

Ce n'est donc pas dans une force des choses inhérente à l'Algérie, et qui frapperait fatalement d'impuissance tous les moyens connus de colonisation, qu'il faut voir l'explication de sa regrettable stagnation, mais dans le choix erroné que l'on a fait parmi ces moyens, et conséquemment dans les fausses mesures politiques et administratives qui ont dû résulter de ce choix.

Un jugement si précipité et si concluant, sans explications préalables, témoignerait tout au plus d'une ridicule présomption, s'il n'était pas avéré par d'éclatantes réussites que parmi ces moyens il en est dont on ne saurait impunément rejeter l'emploi, et dont l'efficacité est trop notoire pour être ignorée.

Comme comparer, c'est juger, et que les termes de comparaison abondent dans l'histoire de la colonisation, il ne sera pas impossible avec son aide d'établir la vérité de ce qui précède.

IV

En partant des principes généraux en matière de conquête, pour arriver ensuite à l'analyse des causes particulières qui font préférer les uns aux autres de ces principes, selon l'objet que l'on se propose et les difficultés que l'on a à surmonter, l'on évitera de se perdre dans les mille détails secondaires que renferme une question aussi complexe, et qui ne peut être sainement appréciée que vue d'ensemble.

Aussi, guidé par eux, avec les seuls enseignements de l'histoire pour appui, l'on espère démontrer qu'en poursuivant comme une chose praticable la fusion des intérêts des Arabes avec ceux des Européens, et qu'en faisant dépendre de sa réalisation cette sécurité complète, absolue, sans laquelle il n'y a pas d'exemple qu'aucune tentative de colonisation d'une conquête lointaine ait été heureuse, l'on a adopté pour l'Afrique un système trop dépourvu de conditions de réussite, pour en attendre jamais un résultat satisfaisant et définitif.

V

Tout' le monde connaît les quatre *manières* de traiter un pays conquis, que Montesquieu, résumant l'expérience des faits acquis, présente au choix du conquérant. « La première consiste à gouverner ce pays selon ses lois ; la seconde, à lui donner un nouveau gouvernement politique et civil ; la troisième, à détruire la société des vaincus en la dispersant dans d'autres ; la quatrième enfin, à exterminer les vaincus. »

Si, réservant le côté moral, l'on n'envisage que le côté matériel de ces quatre *manières*, il est facile de reconnaître que les deux premières, en laissant au vaincu ses richesses, ses lois, son homogénéité, c'est-à-dire tous les éléments qui lui permettent d'entreprendre une lutte et de recouvrer son indépendance, ne peuvent constituer qu'une conquête incertaine ; tandis, au contraire, que les deux dernières assurent nettement son acquisition, parce que les procédés qu'elles indiquent, — la dispersion de la société vaincue dans d'autres, ou son extermination, — quoique différents dans leurs formes, aboutissent finalement à la suppression de l'élément qui pourrait la compromettre.

Mais, comme il est évident qu'un peuple conquérant a le plus grand intérêt à la prospérité de sa conquête, parce quelle doit être pour lui une source de richesses ou une cause de grandeur, il faut admettre — (la population d'un pays étant le premier mobile de cette prospérité), — que ce n'est qu'après avoir reconnu l'impossibilité de s'assimiler, de fondre en lui la race vaincue, c'est-à-dire de vivre avec elle sans dangers pour l'avenir de sa conquête, que la loi de conservation le porte à chercher ses sûretés, soit dans la dispersion des vaincus, soit dans cette terrible extrémité de leur extermination.

VI

Il ressort donc des notions générales de l'expérience, que pour asseoir solidement une conquête et la rendre définitive, le procédé le plus concluant, — bien entendu, lorsque la fusion entre races est impossible, — c'est de supprimer la société vaincue, soit en la dispersant dans d'autres, soit en l'exterminant.

Si l'on considère que le système adopté en Afrique, loin de tendre à la dispersion de la race arabe, la relie, au contraire, par des lois de propriété mieux définies, aide à son développement par l'accroissement des richesses qu'apportent dans un pays des voies de communication plus nombreuses et plus rapides, rapproche ses tribus divisées par les distances, facilite leur organisation sociale, et par là lui crée un centre commun d'opinion nationale, c'est-à-dire le moyen d'être plus redoutable que jamais, si l'on ne parvient pas à lui faire oublier sa religion et à lui arracher du cœur la haine du vaincu pour le vainqueur ; si l'on considère tout cela, il faut convenir qu'un tel système est bien loin du système indiqué par Montesquieu, et par inversion expose singulièrement le vainqueur à être un jour exterminé par le vaincu.

Avant de traiter du système de fusion suivi en Afrique, maintenant qu'en principe il est constaté qu'il ne procède d'aucune des deux manières qui assurent le mieux la conquête, voyons si, en fait, l'on a jamais obtenu quelque chose de certain en dehors des deux termes qu'elles posent.

VII

Comment les races les plus renommées par leur génie colonisateur ont-elles procédé ? Comment la première de toutes, la race anglo-saxonne, qu'il faut bien citer, puisqu'il s'agit ici de colonisation, est-elle parvenue à s'approprier une si grande partie du globe ?

Détachons quatre noms, quatre exemples de son œuvre immense : l'Amérique du Nord, les Indes, l'Australie, et la Nouvelle-Zélande.

Comment cette race anglo-saxonne une fois implantée dans l'Amérique du Nord a-t-elle agi ? A-t-elle essayé de s'assimiler les tribus sauvages qui couvraient le sol qu'elle venait de leur arracher ? a-t-elle usé de l'action bienfaisante de sa civilisation supérieure pour y parvenir ? A-t-elle vu là un moyen de créer un état de paix, une sécurité assez grande, pour faciliter l'épanchement du flot toujours montant de ses émigrations successives ?

Non ! inflexible et logique, elle a compris immédiatement avec son bon sens si pratique et si sûr, que plus les habitants d'une contrée sont d'un naturel courageux et guerrier, moins les envahisseurs de cette contrée doivent compter sur un rapprochement sincère de leur part ; que les Indiens d'Amérique étant précisément dans ce cas, verraient toujours des ennemis dans ceux qui parcourraient en maîtres leurs forêts et leurs terrains de chasse ; partant de cette donnée, elle a compris que la sécurité indispensable à la fondation et au développement d'une colonie ne pourrait jamais résulter du choc continuel et inévitable des sentiments les plus violents et les plus opposés ; — qu'on pouvait refouler ces sentiments, mais jamais les effacer ; — que l'accord entre races d'origine trop différentes et de mœurs trop dissemblables, n'était pas une chose à espérer, et, dès lors, qu'une sorte de compromis entre elles, si bien réglé qu'il fût par de réciproques concessions, constituerait néanmoins une de ces situations mixtes et interminables qui, n'étant ni la paix ni la guerre, deviendrait mortelle au succès de son entreprise ; — elle a compris que la prospérité d'une colonie étant dans la sécurité qu'on y trouve, — tout obstacle qui contrariait cette sécurité devait être renversé.

Aussi, conséquente avec le but qu'elle s'était proposé, de s'établir dans les vastes et riches contrées de l'Amérique du Nord, cette race anglo-saxonne n'a-t-elle rien ménagé pour y rendre son établissement durable.

Voulant la fin, elle a voulu les moyens. Elle a fait le vide devant elle. Elle a supprimé les indigènes.

Pour ce faire, tous les moyens lui ont été bons. Le fer et le feu ont été les moindres. Les vices de sa civilisation les meilleurs. Connaissant le penchant de ces malheureux pour les liqueurs fortes, elle l'a surrexcité en eux jusqu'à en faire une passion dévorante ; et l'eau-de-vie est devenue son plus implacable agent de destruction.

Les quelques misérables abrutis, perdus dans les vingt-cinq à trente millions d'Européens qui couvrent l'Amérique du Nord, disent assez si elle a réussi.

Après cet exemple d'appropriation définitive d'un territoire par la suppression radicale de ses propriétaires naturels, — le plus frappant peut-être, si on excepte celui qu'ont donné les Espagnols dans le Mexique et le Pérou ;—la pensée s'arrête naturellement sur les Indes, dont le climat, l'immense population et l'étendue ont été pour les Anglais un invincible obstacle à l'application des moyens rigides, mais concluants, à l'emploi desquels leur race doit l'Amérique du Nord.

Là, on pourra juger du degré de sécurité qu'offre à des conquérants la possession d'un vaste empire, protégé, d'une part, par un climat qui s'oppose à leur facile propagation, et d'autre part, par la religion et le nombre de ses habitants, trop considérable pour être fusionnés, dispersés ou exterminés.

La tempête qui, dans ces derniers temps, a failli emporter les Anglais des Indes, donne exactement la mesure de cette sécurité.

La cause réelle, unique, de cette tempête, est dans l'énorme disproportion de nombre qui existe aux Indes entre les dépossédés et les dépossesseurs.

L'incident qui l'a fait éclater n'est qu'un effet de cette cause.

Les Anglais parviendront-ils un jour à la détruire ? Le climat des Indes, si contraire à l'accroissement de leur race et surtout au maintien de son énergie native, leur permettra-t-il jamais d'atténuer assez cette disproportion pour conjurer les permanentes et redoutables éventualités qu'elle renferme ? L'on peut hardiment répondre que non ; que cette cause est indestructible, et qu'alors la possession des Indes n'est pour eux qu'une possession de circonstance, que la force des choses rend précaire et transitoire.

Si, à propos des Turcs, dont on a dit qu'ils ne sont que campés en Europe, l'on a jamais prononcé un mot juste, ce mot ne le sera pas moins appliqué aux Anglais ; — qu'ils ne sont que campés en Asie, avec cette différence toutefois qu'il n'est pas vraisemblable que leur campement en Asie dure aussi longtemps que le campement des Turcs en Europe.

La conquête d'un pays, consacrée par l'extermination de ses habitants, est sans doute une violence qui ne se conseille pas. Il faut un intérêt implacable pour la concevoir, et surtout pour l'exécuter. Mais, puisqu'il n'y a que des exemples de résultats négatifs, lorsque la force des choses ou certains scrupules empêchent d'y avoir recours, l'on est forcé de reconnaître qu'en fait de conquête lointaine, où l'on va chercher des populations inoffensives et les violenter dans leurs mœurs, leurs habitudes, leurs passions, leurs droits naturels et acquis, l'on est forcé de reconnaître que la réussite dans ce genre d'entreprise a malheureusement et toujours dépendu, et dépendra plus ou moins, mais toujours, de moyens que l'humanité réprouve au premier abord.

L'étonnante prospérité de l'Australie, où les Anglais n'ont rencontré que des populations rares et chétives, dont le degré d'abrutissement est tel que c'est encore une question de savoir si elles font partie de la race humaine ; son rapide développement, dû en partie à l'influence d'un climat sain et d'un sol fécond, mais surtout à l'absence de tout obstacle du côté des indigènes ;

cette réussite de colonisation, si parfaite et si prompte, mise en regard avec le travail pénible et lentement progressif qu'imposent à ces mêmes Anglais, dans la Nouvelle-Zélande, la vigueur et l'intelligence de ses habitants, vient confirmer ce principe : — que, si la prospérité d'une colonie, en ce qui dépend de l'action humaine, est en raison de la sécurité qu'y rencontrent les nouveau-venus et les y attire, cette sécurité est elle-même en raison directe du plus ou moins grand nombre et de la plus ou moins grande valeur personnelle des indigènes qu'on y trouve.

Aussi, les Anglais, si supérieurs à nous Français en matière de colonisation, non pas parce qu'ils savent mieux que nous ce qu'il faut faire, mais parce qu'ils savent mieux que nous faire ce qu'il faut, les Anglais n'ont pas hésité sur le choix des moyens qui peuvent conduire à bonne fin leur établissement dans la Nouvelle-Zélande.

Sans qu'il soit besoin de donner ici des détails sur la conduite qu'ils suivent, l'on doit dire cependant que leur conduite n'a rien que de conforme aux notions pratiques, et qu'elle ne s'inspire nullement de la métaphysique humanitaire et gouvernementale que nous expérimentons en ce moment sur les Arabes.

VIII

Si l'histoire mentionnait un seul fait de colonisation dans une terre lointaine, occupée par une race énergique et de mœurs ennemies, qui fût devenue florissante, et pour le devenir se fût accomplie sans violences, sans l'anéantissement par les envahisseurs des habitants primitifs, soit dans leur propriété, soit dans leur société relative, soit dans leur individu, l'on éprouverait un grand soulagement à le citer, parce que, si ce fait existait, on y verrait un témoignage rassurant pour l'avenir de notre possession africaine.

Mais aucun fait n'existant pour faire exception à la règle, nous allons examiner si le système vierge encore de tout succès que nous pratiquons en Afrique, est susceptible de le produire un jour.

Constatons d'abord — la violence première de la conquête acceptée, — qu'en adoptant la fusion entre les Arabes et les Européens, comme un moyen de conservation, l'on a plus songé à l'humanité, et plus marqué de noble mais aveugle confiance dans l'entraînante action de notre civilisation, que prouvé de sagacité et de savoir-faire.

Cependant, comme il est vraisemblable que nous ne sommes pas allés en Afrique tuer beaucoup d'Arabes qui défendaient leur pays, faire périr cent cinquante à deux cent mille Français pour nous en emparer, et y dépenser plus de deux milliards, seulement afin d'y exercer les vertus rigoureuses de l'humanité, ce n'est pas trop hasarder de dire, que si rien n'excuse la violence inutile, il est des cas, néanmoins, où il est nécessaire de subordonner les prescriptions de l'humanité à l'objet que l'on se propose, et que le principal objet de notre conquête étant d'en assurer la durée, l'on a été mal inspiré de subordonner trop absolument ses exigences aux lois strictes d'une humanité mal entendue.

A Dieu ne plaise, qu'en ceci nous méconnaissions l'éternelle morale qui fait le droit des gens, à ce point de croire sans réserve, — que la fin justifiant les moyens, celui-là seul serait le préférable, par la seule raison qu'il garantirait le mieux notre possession.

Si nous avons emprunté à l'autorité des faits accomplis un exemple de colonisation due à l'application de cet impitoyable axiôme, notre intention n'a pas été tant d'indiquer ce qu'il faudrait faire par ce qui s'est fait, que de remettre en mémoire cette vérité : que les lois de la morale, en matière de conquête, ont été relatives de tout temps, et le seront toujours, selon les lieux, les climats et surtout les situations.

Aussi, partant de ce principe, que dans les choses humaines il ne s'agit pas de faire ce qu'on désire, mais ce qu'on peut ; de reculer devant ce qui est douloureux, mais de s'astreindre à ce qui est nécessaire ; partant de ce principe, espérons-nous démontrer

qu'entre le système de rapprochement, de fusion, actuellement
en vigueur en Algérie, qui expose notre œuvre de colonisation
à ressembler indéfiniment à une construction nouvelle qui trem-
ble sur sa base et que l'on délaisse de peur d'en être écrasé, —
et le système d'extermination qui ferait immédiatement place
nette à la sécurité, sans laquelle on n'achève rien; — il existe
un troisième système, moins généreux, il est vrai, que le premier, mais infiniment moins radical que le second, qui peut,
avec le temps, consolider notre domination d'une façon inébranlable.

Avant de nous étendre à ce sujet, disons d'abord pourquoi le
système de rapprochement, de fusion, le plus simple et le meil-
leur de tous, quand les éléments s'y prêtent, celui qui concilie
le plus heureusement l'intérêt du vainqueur avec son humanité,
nous paraît destiné à immobiliser en Afrique une situation incertaine, et peut-être à y préparer des éventualités bien contrai-
res à celles qu'on en attend.

C'est parce que son action propre, étant de pénétrer par la
persuasion, d'attirer par la douceur et l'équité, de composer avec
les difficultés, jamais de les briser de haute lutte, a justement
devant elle un de ces obstacles qu'on n'aplanit pas avec la persuasion et l'équité pour seuls instruments, un de ces obstacles
qu'on ne tourne pas, mais qui arrête court si on ne le brise
violemment.

Cet obstacle, c'est la religion musulmane.

IX

Il n'est pas douteux que la destinée des races dépend beaucoup plus des idées qui gouvernent leurs âmes que des progrès
matériels qui ouvrent un cours plus large à leurs intérêts. Or,
qu'avons-nous à présenter aux Arabes qui puisse agir assez
puissamment sur leurs âmes pour parvenir à modifier leurs idées

et par là les amener à confondre jamais leurs destinées avec les nôtres !

Est-ce notre religion? mais ils repoussent d'autant plus la pureté de la morale chrétienne que leur religion leur offre à première vue une pureté égale à celle-ci.

Quelle raison, alors, pourrait les conduire à abdiquer leurs idées dans les nôtres ?

Est-ce la supériorité de notre civilisation? Mais, d'abord, à quel signe assez manifeste la reconnaîtraient-ils ? Est-ce à ses bienfaits? mais ils ne l'entrevoient qu'à travers la douleur de leur asservissement et le souvenir de leurs récoltes brûlées et de leurs troupeaux dispersés. Est-ce à son activité dévorante ? Mais pour eux la première liberté et la plus naturelle c'est de ne pas travailler.

Quelle séduction pourrait donc exercer sur ces hommes de l'espace et du soleil notre civilisation besoigneuse, leur apparaissant le dos courbé et la sueur au front?

Comment leur faire comprendre cette abstraction qui établit parmi nous, une différence si grande entre un esclave et un ouvrier qui travaille dix à douze heures par jour? Où est le mobile assez fort pour les porter à considérer le travail comme un devoir, comme une vertu ? Est-ce le besoin ? mais ils en ont peu, et ils les satisfont facilement. D'ailleurs, si la civilisation la mieux entendue ne consiste pas à multiplier les besoins, mais à les satisfaire le moins imparfaitement possible, à ce compte-là, notre civilisation, dont le trait dominant est de créer plus de besoins qu'elle n'en peut satisfaire, doit leur sembler bien inférieure à la leur, qui satisfait plus de besoins qu'elle n'en crée.

Et si l'on songe, en outre, que tout chez eux, lois, coutumes, usages, organisation politique et sociale, procède d'une religion inébranlable et en est invinciblement protégé ; quel espoir reste-t-il à nos tentatives de rapprochement?

Ailleurs, les invasions ont souvent produit d'heureuses transformations, lorsque les vainqueurs et les vaincus se sont mêlés par le mariage; mais ici, où la loi religieuse creuse un abîme entre les deux races européenne et arabe, quelle transformation attendre?

Pour s'opérer, une fusion entre parties suppose nécessairement une transaction préalable causée par un besoin réciproque de s'entendre. Quelle probabilité y a-t-il que les Arabes viennent jamais à nous, et acceptent l'état de transaction forcé que nous leur offrons? Quelle nécessité les y pousserait? aucune.

Car leur gravité paresseuse satisfaite sans efforts ; leur orgueil, qui leur fait subir, mais non reconnaître notre supériorité; leur religion, qui alimente en eux une haine sourde et profonde contre nous, et leur ordonne de repousser tout ce qui vient de nous, forment pour ainsi dire un triple rempart derrière lequel leurs mœurs restent protégés de toute altération étrangère.

Ainsi, comme nous n'avons aucune prise sur leurs croyances religieuses pour pénétrer jusqu'à leurs âmes, aucune action sur leurs besoins matériels pour ébranler leurs mœurs; il faut en conclure qu'il reste bien peu de chances au système de conciliation que nous poursuivons en Algérie, pour parvenir à effacer le dangereux antagonisme qui sépare les deux races et les condamne, pour ainsi dire, à couler l'une près de l'autre sans se confondre.

X

Bien qu'il ne laisse entrevoir aucune solution, un tel système mériterait encore d'être apprécié, d'être maintenu, peut-être, ne fût-ce que pour sa valeur morale, si pour subsister il n'exigeait pas impérieusement la présence permanente en Afrique d'un énorme effectif militaire; et surtout, s'il n'avait pas pour conséquence fatale de favoriser la cohésion des éléments arabes jusqu'alors divisés, c'est-à-dire l'unité d'une société redoutable par son fanatisme, son énergie, son horreur de la vie sédentaire, son inexorable esprit d'isolement, grandissant tous les jours comme une incessante menace en face de la nôtre, — de la nôtre trop faible pour lui faire contre-poids. —

Car, qui oserait attribuer la sécurité existant en Afrique à une autre cause qu'à la présence d'une nombreuse armée? Qui oserait affirmer que la société européenne soit capable de trouver en elle-même sa sécurité, si cet appui venait à lui manquer en partie? et qui oserait répondre assez de l'avenir pour ne pas craindre cette éventualité ?

Quoi qu'on en dise, nos colons en Afrique sont comme des pionniers qui ne peuvent cheminer devant l'ennemi qu'autant qu'ils sont couverts par le feu soutenu d'une artillerie protectrice.

Que ce feu cesse ou mollisse un instant et l'ennemi aura bientôt bouleversé leurs travaux. Que l'on suppose l'armée d'Afrique sensiblement diminuée, et l'on pourra se figurer ce que deviendront les colons et la colonie.

Personne ne doute, dans ce cas, que les soulèvements qui se sont déjà produits en Algérie et ont failli y mettre tout en question, ne se renouvellent alors, plus terribles et plus compromettants, par cette raison bien simple, que l'importance de la population européenne, accrue depuis vingt années, mais toujours aussi incapable de se protéger contre la population arabe, offre une prise plus grande qu'autrefois au déchaînement de ses inimitiés.

Etrange système que celui qui nécessite d'autant plus l'appui d'une force imposante, que la population européenne augmente, et qui cependant est impuissant à faciliter assez son développement pour qu'elle se suffise à elle-même !

Et non moins étranges sont les mesures qui tendent à rapprocher des intérêts inconciliables, à créer une règle et un pouvoir communs entre les Arabes et nous, et n'aboutissent qu'à rapprocher les Arabes les uns des autres, qu'à apaiser leurs inimitiés particulières au profit de leur haine générale contre nous, qu'à préparer enfin leur unité nationale!

En peut-il être autrement avec notre système de conciliation? N'est-il pas naturel qu'il éloigne d'autant plus de nous les populations arabes, que ne conciliant rien, il a pour conséquence forcée de maintenir parmi elles une discipline antipathique à leurs habitudes belliqueuses et à leurs instincts turbulents.

Leur haine de notre domination, grossie de toutes les passions qu'elles ne peuvent plus dépenser en luttes intestines, ne devient-elle pas alors comme un point de ralliement, où viennent s'éteindre une à une les animosités particulières qui les tenaient divisées entre elles.

Or, quel mobile plus entraînant que la haine commune de l'étranger pour rapprocher des éléments épars et les fondre ensuite peu à peu en une formidable unité !

Ainsi la nécessité plus grande que jamais d'une nombreuse armée d'occupation en Afrique, l'aggravation occulte de notre situation par l'organisation lente mais infaillible d'une société arabe, vivant de sa propre vie auprès de la nôtre ; voilà le résultat le plus clair qui ressort jusqu'à présent de notre déplorable persistance à ne pas voir dans les Arabes des ennemis qu'on ne ramène pas.

XI

En France nous sommes tellement pénétrés de l'excellence de notre administration, que nous avons l'habitude d'appliquer à tous pays, sans égard pour ses coutumes et ses besoins différents, nos idées et nos formes administratives, comme une panacée à laquelle rien ne doit résister. Aussi sommes-nous arrivés, avec cette malheureuse habitude, à nous faire dans le monde une réputation notoire d'inhabileté colonisatrice.

L'Afrique, si rapprochée de nous par la vapeur, devait mettre le comble à cette réputation d'inhabileté.

Sa proximité de la métropole qui, pour toute autre nation que la nôtre, eût été un moyen puissant d'y faire vite et bien ce qu'il aurait fallu faire, n'a été simplement pour nous qu'une raison d'y importer plus facilement nos procédés administratifs et de n'en oublier aucun.

Nous pourrions nous étendre sur les inconvénients de cette méthode toute française, en signaler les abus, critiquer les innombrables décrets dont son impitoyable fécondité bureaucratique a inondé l'Algérie ; mais, pour constater son impuissance à rien fonder, il suffit de rappeler les cinquante à soixante mille hommes qui tiennent garnison en Afrique, pour y protéger vingt à vingt-cinq mille colons véritables, répandus sur un sol qui peut en nourrir plusieurs millions. Le petit nombre relatif de ces colons ne témoigne-t-il pas du peu de confiance que notre occupation inspire aux capitaux et aux travailleurs sérieux ? Pourquoi cela ? A défaut de l'élément français, si difficile à déplacer, et dont l'infériorité ne serait pas une raison de désespérer, n'y a-t-il pas l'immense émigration allemande et irlandaise, qui se rend tous les ans en Amérique et en Australie ? Pourquoi cette émigration va-t-elle chercher si loin ce qui se trouve si près d'elle ? Pourquoi l'Afrique, si salubre, si renommée par sa fertilité, n'en détourne-t-elle pas une partie à son profit ?

Est-ce par méfiance de nos lois, de l'impartialité de notre justice ? Notre législation, le monde civilisé s'en inspire ; —notre justice, le monde entier lui rend hommage !

L'administration française elle-même, dont le défaut est de faire plutôt trop que pas assez, aurait-elle oublié les primes d'encouragement et les avantageuses concessions de terrains pour attirer les bras en Algérie ? Nullement. Partout, et plus qu'elle ne le devrait peut-être, elle la sillonne de routes, la couvre de fermes-modèles et d'embryons de villages.

D'où vient qu'on ne voit que des soldats français et des Arabes sur ces routes, et que ces villages restent vides de colons, et ne se peuplent que de spéculateurs aventureux ou de débitants d'absinthe ?

C'est parce que l'on ne décrète pas la confiance ; c'est parce qu'il n'y a pas de lendemain assuré dans un pays où deux cent mille fanatiques n'attendent que la première occasion favorable pour se ruer sur tout ce qui porterait le nom de chrétien. C'est parce que des trois conditions premières qu'exige toute colonisation, — la salubrité, la fertilité et la sécurité, — l'Afrique ne remplit que les deux premières, et est entièrement dépourvue de la troisième, la sécurité, sans laquelle les deux premières n'ont aucune valeur.

Voilà, au fond, la vraie, la seule raison qui explique raisonnablement la sorte d'immobilité dont notre colonie est frappée.

Pas de sécurité, pas de familles pourvues de ressources matérielles et morales, qui se décident à demander à son sol si rémunérateur leur existence dans le présent, et leur installation durable comme en Amérique ou en Australie.

XII

Ceux qui attribuent cette absence de sécurité à la prédominance gouvernementale de l'armée sur le pouvoir civil, et au peu de garantie qu'offrent ses formes sommaires dans la distribution de la justice, commettent une erreur.

Ils sont comme ces gens qui, ne sachant à qui s'en prendre dans leur malaise, l'attribuent sans réflexion au premier objet qui est en vue.

Or, l'armée étant au premier plan, pour cette seule raison, ils en concluent qu'elle est la cause de tous les embarras, et que tous les maux de la colonie disparaîtraient avec sa prédominance sur le pouvoir civil.

Raisonnement de fiévreux qui se tient dans les villes, parmi les boutiquiers et les parasites de toutes sortes, dont elles sont remplies, mais que l'on n'entend pas sous le toit modeste du vrai colon qui laboure et féconde.

D'abord, en matière de justice, il y a en Afrique des tribunaux comme en France, qui jugent des différends civils ; — l'armée ne rend donc pas la justice.

Ensuite, sa prédominance sur le pouvoir civil est plutôt apparente que réelle, — ce qui peut paraître insensé, puisque, répondant de tout, elle partage cependant avec qui ne répond de rien.

Le grand malheur, peut-être, c'est qu'elle ne le domine pas assez. Car l'administration militaire, plus rude, il est vrai, que

l'administration civile, mais en revanche moins lente, moins
formaliste, moins tracassière que celle-ci, et tout autant intelli-
gente, aurait certainement, si elle agissait en toute liberté,
l'avantage de mieux convenir aux exigences d'une situation où
la promptitude des décisions est de première nécessité.

Rien donc, ni la justice que l'armée ne rend pas, ni la prédominance de son administration, que partage l'administration
civile, ne justifie l'espèce de répulsion qu'il est de mode d'af-
ficher pour le pouvoir du sabre, sabre en Afrique qui ne blesse
personne, mais en réalité défend tout le monde. Nous le répétons, ce qui stérilise nos efforts, c'est l'absence de sécurité.
Jamais la colonisation de notre conquête ne grandira, n'arrivera
à son entière croissance, tant que l'incertitude de l'avenir
alourdira l'air qui pèse sur elle. L'administration exclusivement
militaire, pas plus que l'administration exclusivement civile, ne
sont propres à combattre sa mortelle influence. Militaire ou
civile, une administration n'est que l'agent d'un principe. Sa
valeur est subordonnée à la valeur du principe dont elle émane.
Si le principe est faux, ses actes, quels qu'ils soient, auront une
portée fausse ; si le principe est juste, il l'emportera à la longue
sur les erreurs qu'elle pourra commettre. Comme à la guerre,
un plan radicalement bon, supplée presque toujours à la faiblesse des détails, tandis que la perfection des détails ne corrige
presque jamais l'infirmité d'un plan radicalement mauvais.

De même un bon système réussit avec une médiocre administration pour agent, tandis qu'une excellente administration
échoue avec un mauvais système pour mobile.

XIII

Pour nous, qui ne pensons pas qu'on puisse assurer l'avenir
de notre possession africaine par des primes plus ou moins en-
courageantes, des projets plus ou moins attrayants de routes

ferrées et de chemins vicinaux, pour y amener la véritable matière émigrante, — c'est-à-dire l'esprit d'entreprise et les capitaux — qui pensons, au contraire, que ce ne sont pas les villages qui font les colons, mais les colons qui doivent faire les villages ; qu'il est plus aisé de décréter leur fondation que de les peupler ; qui pensons enfin que la sécurité seule peut attirer les colons avec qui l'on crée tout ; nous n'hésiterons pas d'indiquer sans détour la race arabe comme un épouvantail qui effarouche trop la sécurité, cette fée bienfaisante, mais craintive pour espérer jamais qu'elle se fixe définitivement en Afrique tant que nous ne ferons pas ce qu'il faut pour la rassurer.

Nous avons dit si le système de conciliation était de nature à triompher des difficultés, des dangers qui l'en éloignent.

Si donc, l'on veut sérieusement fonder en Afrique une colonie florissante, faire d'elle, dans un temps donné, une annexe de la France, un vaste et inépuisable grenier à blé. — Si l'on veut, au lieu d'une propriété qui nous appauvrit et neutralise une partie de nos ressources militaires, en faire une propriété de rapport qui ajoute à notre puissance ; eh bien ! l'on ne saurait trop le répéter, il faut se pénétrer de cette vérité : qu'entre la race arabe et la race européenne, il n'y a pas de rapprochement possible ; que tout s'y oppose invinciblement, religion, mœurs, coutumes, vieille civilisation debout en face d'une vieille civilisation ; que la paix entre elles n'est qu'une apparence, qu'une trève ; que le jour où ces deux races se sont rencontrées sur la terre d'Afrique, ce jour-là, une question de mort a été posée pour l'une d'elles ; que le sol de l'Afrique enfin appartiendra réellement à celle qui anéantira l'autre ; et, cette vérité reconnue, agir en conséquence.

Pour cela, que doit-on faire ? d'abord sortir du chemin de traverse où l'on s'est engagé et qui ne mène à rien ; renoncer absolument au chimérique espoir de transformer les Arabes ; liquider le sol africain, et non pas le diviser en deux parts, une pour recevoir l'émigration — qui ne vient pas, — l'autre pour rester dans les mains des Arabes à titre de propriété personnelle définie, ce qui étaye une société que l'on a plus grand in térêt à précipiter; enfin, voir la société arabe comme un obstacle et se décider à le supprimer.

Là est la difficulté, nous le savons. Concilier les exigences de l'intérêt avec celles de l'humanité, n'est pas un problème facile à résoudre. Existe-t-il un moyen! Montesquieu et l'histoire répondent oui. Le génie français, si mobile et si impatient, répondra-t-il non; — nous l'ignorons. En tout cas, nous allons dire quel est ce moyen. — C'est de disperser la société arabe. — Des quatre manières dont on assure la conquête, les deux plus certaines, on le sait, sont l'extermination du vaincu ou la dispersion de sa société dans d'autres.

Aujourd'hui, si l'extermination du vaincu n'est plus une chose à laquelle on puisse songer, — en admettant même qu'elle soit facile, — nous pensons qu'il n'en est pas de même de sa dispersion, quand on a le plus grand intérêt à le faire, et qu'on peut l'accomplir sans méconnaître les lois de l'humanité.

En théorie, supprimer les Arabes, est aisé. Nous allons examiner si c'est possible en pratique.

Quand nous parlons de supprimer les Arabes, il est bien entendu qu'il ne s'agit que d'amoindrir sensiblement leur nombre en Afrique, que d'anéantir leur société redoutable, et nullement d'exterminer les individus. — Ceci posé, voyons quelles dispositions peuvent mener à ce résultat.

XIV

Si l'on part de cette donnée, qu'avant toute chose les Arabes répugnent au travail, tel que nous l'entendons; que les traits dominants de leur nature sont la paresse, le courage et la cupidité; mais la cupidité du sauvage, qui n'apprécie la richesse que sous forme d'or ou d'argent, ou de meuble quelconque, et, qu'en outre, la principale condition de leur existence c'est de jouir

de l'espace pour nourrir les nombreux troupeaux dont ils vivent ;
alors la marche à suivre se trouve naturellement indiquée.

Elle serait, — par un ensemble de mesures militaires et administratives bien coordonnées ; d'abord d'ouvrir aux Arabes un
large et facile accès dans les rangs de notre armée ; puis, —
notre droit exclusif au sol proclamé, — de resserrer insensible-
ment, mais toujours et implacablement, leurs terrains de par-
cours, et, par l'impôt, de leur rendre l'existence progressivement
si pénible qu'ils n'aient plus un jour que cette alternative pour
vivre, ou de se révolter, ou de se faire soldats de la France.

Si le souvenir de nos victoires a développé en eux le sentiment de notre force, assez pour écarter de leur esprit l'idée de
recommencer une lutte ouverte avec nous, alors les difficultés
croissantes de leur existence d'une part, et, d'autre part, les sol-
licitations de leur cupidité, que l'on saurait surrexciter par des
encouragements et des distinctions de toute nature, les pousse-
ront infailliblement dans nos rangs ; ce qui nous permettra, une
fois enrôlés, de les extraire peu à peu de l'Afrique et d'en dis-
poser où bon nous semblera.

Quelle raison plausible, quelle impossibilité pratique pour-
raient s'opposer à l'adoption de cette combinaison ?

Est-ce la crainte de recommencer la guerre avec les Arabes
et de compromettre par là nos fragiles commencements de colonisation ? Mais, bien comprise, bien préparée, présentée avec
tact, appuyée par une force militaire imposante, rien ne prouve
que l'application d'une semblable combinaison amènerait un
soulèvement immédiat et général en Afrique.

Elle produirait peut-être, probablement même, des soulèvements partiels, voilà tout. Sans chercher beaucoup, le dogme
de la fatalité devant lequel s'inclinent tous les Musulmans répond
de leur résignation, tant qu'une force écrasante par sa présence
avivera cette croyance en leurs cœurs.

Alors, que craindre de ces soulèvements partiels ? Leur incon-
vénient passager est-il comparable au danger vague, mais, au
fond, immense, pressenti, qui plane sur l'Afrique, en écarte
la sécurité et est la cause unique de son délaissement.

Ainsi, des soulèvements qu'on pourrait étouffer rapidement

en ne marchandant pas les moyens ; voilà la conséquence possible de la mise à exécution de cette combinaison.

Que si, cependant, en portant les choses à l'extrême, un soulèvement général se produisait ! comme il n'est pas douteux que
la France saurait en triompher, l'avantage de prouver irrévoca-
blement aux Arabes qu'il ne leur reste plus qu'à se courber plus
profondément sous la fatalité et qu'à accepter l'issue que nous
leur présentons, voilà quel en serait le résultat certain : un mal
passager pour un bien immense.

Un bien immense, parce que rien n'entravant plus désormais
l'accomplissement de nos projets, nous pourrions débarrasser
peu à peu l'Afrique de ses difficultés et faire place à la sécurité,
c'est-à-dire aux colons qui, n'ayant plus rien à craindre, aug-
menteraient au fur et à mesure que les Arabes diminueraient.

Mais ce n'est encore là qu'une face du système de suppression.
Après avoir parlé des mesures qui doivent amener infailliblе-
ment les Arabes à composer avec nous, nous allons examiner
si leur absorption dans nos rangs est une chose praticable, et
si, en supposant qu'elle le soit, cette chose n'offre aucun danger.

Est-elle praticable ? Les régiments de Turcos qui se sont
battus en Crimée et en Italie le démontrent.

La question serait donc de donner de plus larges proportions
à cet encourageant essai. Qui empêche de le pousser jusqu'à ses
dernières conséquences, d'en tenter la chance, quand le pis-
aller de cette tentative serait de retomber comme on est, si elle
ne réussissait pas ; tandis, au contraire, que la réussite serait à
coup sûr la solution du problème de la colonisation ?

L'enrôlement des Arabes dans de grandes proportions pré-
sente-il un danger ? Aucun, évidemment, si on les éloigne de
l'Afrique. Est-il possible de leur trouver un emploi et une destination ?

Sans préjuger des mesures que l'administration française saurait bien prendre à cet effet, qui empêche, à l'imitation des
anciens Romains, à qui l'on accorde volontiers le génie du
savoir-faire, d'alléger l'impôt du sang que nous payons en faisant
concourir les contingents arabes aux nécessités de notre grand
état militaire ? Qui empêche de les envoyer aux colonies et de

les mêler dans telle proportion que l'on jugera convenable avec les troupes françaises qui les gardent ? Qui empêche de combiner leur distribution avec notre organisation moderne, en attachant à chacune de nos divisions un bataillon de cinq cents à six cents ou plus tirailleurs arabes ? En prévision du jour où l'Algérie deviendra un département français séparé de la métropole par un grand lac, qui empêche de se souvenir que pendant trois siècles les Arabes du littoral africain ont été de redoutables marins, et que l'Algérie ayant deux cent cinquante lieues de côtes, offre les ressources d'un recrutement maritime qui n'est pas à dédaigner ?

Donc, en supposant que les Arabes placés dans cette impasse, — ou de mourir de faim, ou de prendre rang parmi nous, préfèrent le second parti au premier, — l'on peut se convaincre qu'une fois enrôlés, il ne serait pas impossible de leur trouver une destination.

Si maintenant l'on réfléchit combien rapidement devrait décroître une population, dont des statistiques irrécusables constatent l'immutabilité du chiffre depuis des siècles, une population d'environ deux millions cinq cent mille âmes, de laquelle on retrancherait tous les ans huit à dix mille mâles, l'on est frappé des résultats d'appauvrissement qu'elle présenterait au bout de dix années seulement.

Mais ne pourrait-on pas objecter que l'enrôlement des Arabes sur une grande échelle n'est qu'un expédient dont les avantages momentanés ne sauraient faire oublier le danger ? que leur retour successif en Afrique, — leur temps de service accompli, — y agglomérant à la longue une quantité d'hommes aguerris et rompus à notre discipline militaire, rendra, dans un temps facile à prévoir, sa situation bien autrement précaire qu'elle serait en laissant les choses telles qu'elles sont ?

A ceci l'on peut répondre que cela dépend du temps qu'on les tiendra hors de l'Afrique ; que des hommes de vingt à vingt et un ans, arrachés à leurs habitudes et à leurs mœurs, placés et maintenus pendant vingt à vingt-cinq années dans un milieu de mœurs et d'habitudes essentiellement différentes, — à coup sûr, — ne retourneront pas intégralement Arabes dans leur pays ; qu'il n'est pas supposable, avec la seconde nature qu'ils auront prise à notre service, qu'ils rentrent jamais dans leur vie nomade ; qu'ils deviendront alors habitants des villes, et que, vieux, fatigués et modifiés, s'ils ne sont pas devenus entièrement Français pour avoir vécu longtemps avec eux, certes il y a de grandes probabilités qu'ils seront plus accessibles qu'auparavant à l'action de notre civilisation ; et qu'ainsi l'on aura sans le chercher directement, trouvé peut-être le plus efficace moyen de rendre entre eux et nous une sorte de fusion possible.

Sont-ce là des arguments sans valeur ? L'expérience et les conditions de la nature humaine dans tous les temps et dans tous les pays prouvent que non. Si donc leur retour n'est pas un danger, il est incontestable que leur éloignement procurera à l'Afrique la sécurité qui lui manque, — la sécurité, — la vraie, l'unique prime d'encouragement qui puisse agir efficacement sur les émigrants et y attirer les colons sérieux.

Quand le système de suppression, ou, si mieux l'on aime, de l'amoindrissement des populations arabes, sera posé, personne ne doute que l'Algérie ne marche toute seule, non pas tant par la valeur de ses administrations que par une sorte de mouvement naturel, qu'elle marche par la force des choses, par la force de sa santé propre, parce qu'alors elle respirera librement, parce qu'alors elle vivra.

Après vingt années passées à ne rien faire en Afrique, — quinze à vingt mille colons, et l'armée exceptée, cent mille spéculateurs et boutiquiers, en tout cent vingt à cent trente mille européens le disent assez ; — après avoir reconnu combien le système de conciliation est impuissant à résoudre le problème de la colonisation, nous le demandons, n'est-il pas temps de renoncer aux stériles mesures qui réduisent notre magnifique conquête à croupir dans une mortelle stagnation ?

N'est-il pas temps de travailler à effacer cette honte ; que l'Afrique, placée si près de la France ; que l'Afrique, ce grenier qui peut toujours lui donner le pain à bon marché ; que cette immense position, qui lui permet de rayonner sur l'Orient et l'Occident, en assurant sa domination sur la Méditerranée ; que l'Afrique, enfin, ne soit encore dans ses mains, après trente années d'occupation, qu'un objet fragile, qu'une conflagration en Europe ou qu'un nouvel Aboukir puissent briser?

Les complications qui s'épaississent de plus en plus en Europe permettront-elles à notre gouvernement, qui a tant fait déjà pour la grandeur de la France, de la sortir du chaos où elle trébuche depuis si longtemps en Afrique, en y plantant de solides jalons pour assurer sa marche colonisatrice? Si, oui ! rien ne sera plus heureux ; car, jamais gouvernement n'a été plus capable de résoudre une question qui exige de la patience, de l'esprit de suite, et surtout cette force égale qui persiste, si supérieure à la force anormale qui déborde.

Si, non ! rien ne sera plus malheureux ; car chaque jour qui se passe nous rapproche des terribles éventualités que la trop grande supériorité de nombre des dépossédés sur les dépossesseurs réserve infailliblement à ces derniers.

A défaut du système de suppression que nous avons signalé comme susceptible (en appauvrissant la société arabe de son sang le plus énergique) de procurer à l'Afrique la sécurité sans laquelle on n'y verra jamais ni capitaux ni colons en nombre suffisant; à défaut du système de suppression, qui seul peut consolider notre conquête par la colonisation, nous osons affirmer qu'il n'y a pas d'autre système que celui de l'occupation militaire pure et simple qui puisse rendre son acquisition définitive. Il n'y a pas de milieu : ou faire ce qu'il faut pour coloniser, c'est-à-dire supprimer les Arabes, dont les mœurs, absolument réfractaires à l'action de notre civilisation, sont un obstacle à la confiance et rendent par conséquent la colonisation impossible ; ou se restreindre aux proportions d'une occupation militaire bien définie, c'est-à-dire abandonner le trop qui compromet le tout, pour le moins dont on serait sûr, en laissant à eux-mêmes les Arabes qui seraient en dehors de nos lignes de démarcation. Soit qu'on s'arrête à l'un ou à l'autre, il n'y a, nous le répétons, que ces deux systèmes pour mettre notre possession d'Afrique au-dessus de toute éventualité fâcheuse, et nous éviter après la honte de n'y avoir rien fondé encore, la honte plus grande d'en être expulsés un jour.

Quant au système de conciliation, qui immobilise le huitième de notre armée, qui nous expose à un immense désastre (le soulèvement des Indes est bien près de nous), qui nous appauvrit sans nous fortifier, qui nourrit un éternel provisoire, la pire des choses ; quant à ce système, nous ne craignons pas de prédire, si l'on persévère à suivre ses errements, que l'on végétera jusqu'au moment où l'Angleterre, ou toute autre puissance intéressée, maîtresse de la mer, jettera en Afrique une armée qui servira de centre à une insurrection arabe, et nous conduira à une nouvelle capitulation d'Alexandrie. — L'Égypte est un exemple. Savoir ce qui fut, c'est savoir ce qui sera.

FIN